Antoine Potocki

FRANCE ET POLOGNE

GARANTES

DE LA PAIX EUROPÉENNE

PARIS
LIBRAIRIE FISCHBACHER
33, RUE DE SEINE, 33

1921

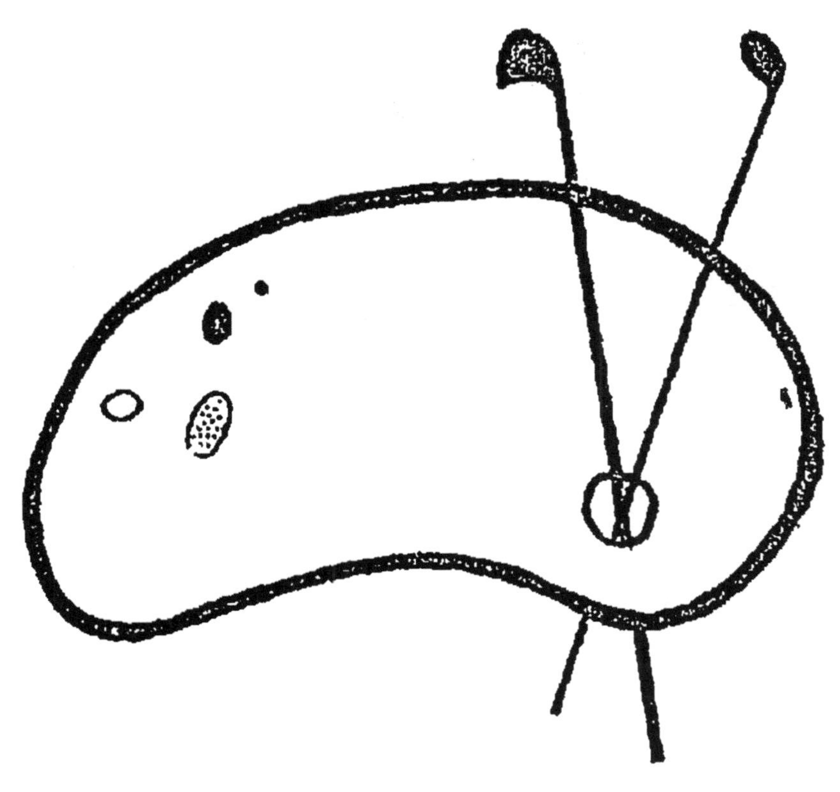

FIN D'UNE SERIE DE DOCUMENTS
EN COULEUR

Antoine Potocki

FRANCE ET POLOGNE

GARANTES

DE LA PAIX EUROPÉENNE

PARIS

LIBRAIRIE FISCHBACHER

33, RUE DE SEINE, 33

—

1921

AVANT-PROPOS

Cet opuscule paraît au moment où la France et la Pologne sont en train d'étudier les modalités de leur collaboration politique. Que le fait même de cette collaboration existe déjà, l'enchaînement des événements, depuis le miracle de la Marne jusqu'à celui de la Vistule le prouve décisivement. Il ne s'agit aujourd'hui que de faire valoir et de mieux agencer cette collaboration pressentie par l'histoire, mise à l'ordre du jour par la Grande Guerre et qui s'impose pour l'avenir des deux Etats.

Cependant, un fait d'apparence presque triviale ne peut pas échapper à leur attention dans cette entreprise : Ils ne sont pas seuls.

A l'époque où un roi pouvait dire : « l'Etat c'est moi », chaque Etat pouvait à son tour jouir de cette illusion qu'il est le seul maître de ses destinées. Les temps ont beaucoup changé. Les Etats aujourd'hui ne sont et ne seront plus seuls. Le monde est devenu étroit. Les Etats se pressent l'un contre l'autre, se coudoient. D'autres puissances solidarisées se sont formées à travers les états et les continents qui, à leur tour, réagissent sur les états dits souverains. Aucune de ces forces n'agit dans le vide. C'est parmi un véritable enchevêtrement de forces qui s'entrechoquent, se contredisent, se corroborent ou s'annulent mutuellement qu'évolue aujourd'hui chaque unité nationale ou sociale. Aucune force, la plus souveraine, ne peut rester isolée sans être bientôt exposée. Aucun isolement le plus splendide (splendide isolation) ne réussit plus.

La France et la Pologne dans leur collaboration qui s'affirme n'échappent pas à cette loi. Elles ne sont pas seules — elles évoluent parmi mille autres évolutions qui s'accomplissent.

La vie des nations européennes, comme les mouvements de la foule, subissent les lois paniques, du fait de leur densité, de l'enchevêtrement, dans lesquels évolue désormais tout phénomène social.

C'est pourquoi l'auteur de cette brochure, pour poser devant l'opinion politique des deux pays la question de leur collaboration plus intime, plus franche, plus avouée, a cru utile de la poser non pas dans le vide d'une démonstration logique, mais sur un fond de réalités historiques, sociales ou politiques.

Il évoque ici quelques entités désuètes comme « l'Europe » ou le « peuple » qui pour lui n'ont point perdu leur portée considérable, bien que mal définie. Il les confronte ou les oppose à ces réalités plus brutales et plus définies, quoique plus passagères, comme « empire » ou « régime ». Il s'efforce enfin de présenter cette collaboration de la France et de la Pologne comme une des conséquences de la Grande Guerre et de la paix chétive qui l'a suivie, en fonction des intérêts de la communauté des états européens.

D'avoir osé une si vaste entreprise dans une si petite brochure il n'a qu'une seule excuse : dans le dialogue historique qui a commencé en 1914, tout le monde est appelé à apporter son concours. La guerre, pour être sortie des tranchées, n'en est pas pour cela devenue la paix. Dès lors, il importe que chacun se hâte d'occuper son poste de combat.

Celui-ci est beaucoup plus meurtrier, beaucoup plus tragique que l'on ne pense. Il se livre sous les yeux des barbares, qui guettent le moment de faiblesse du monde anémié pour se jeter sur lui comme sur une proie.

Des auteurs nombreux nous ont déjà parlé des conséquences de la paix. L'auteur de cette brochure attire l'attention sur quelques conséquences de la guerre, et même sur ce qui est encore, dans cette paix douteuse, la guerre inachevée. Si vis pacem — para

bellum — *disaient les anciens. Les modernes — après
la conférence de la Paix — peuvent ajouter cette nouvelle maxime : Si tu veux avoir la paix durable —*
finis proprement ta guerre.

*La collaboration de la France et de la Pologne
nous paraît la condition préalable nécessaire, non pas
d'une nouvelle paix armée, mais par les garanties
qu'elle apporte, d'un désarmement de la guerre, au
moins à l'intérieur de cette grande mais repentante
pécheresse qu'est la communauté européenne.*

Paris, 12 janvier 1921.

Cette brochure était sous presse au moment où la République
Française a reçu d'une façon inoubliable la visite du représentant de la
jeune République de Pologne. Ainsi, d'autres témoignages, combien
plus concluants, se sont ajoutés à quelques arguments que l'auteur a
présenté ici en faveur de sa thèse. Dans l'échange de vues des représen-
tants des deux nations, dans la formule brève adoptée par M. Briand,
interprète de leur volonté politique, dans les discours éloquents d'hommes autorisés comme MM. Appel, Noulens, Richepin, Le Corbellier,
Ginisty, dans les solennités inoubliables du camp de Satory, de
l'Hôtel de Ville, de la Sorbonne, de Verdun — le lecteur trouvera les
éléments d'une conviction plus intime, plus émue, plus française.

Cependant l'auteur de cette brochure a renoncé d'ajouter à son
propre raisonnement, l'éclat de ces témoignages postérieurs à son travail, pour conserver à celui-ci son caractère modeste de la pensée qui
cherche ce que l'action affirme.

A. P.

I. — QU'EST-CE QUE L'EUROPE ? QUESTION PRUSSIENNE

Le 8 février 1863, une convention militaire et politique était conclue entre la Prusse et la Russie. Elle était signée par le général Gustave Alvensleben, envoyé de Bismarck, et avait pour but de rendre impossible toute tentative d'insurrection polonaise. Désormais, les troupes prussiennes avaient le droit, à la première alarme, d'entrer sur le territoire de la Pologne « russe » pour réduire par la force les insurgés éventuels. Au fond, c'était une consécration légale de la situation de fait qui agissait déjà depuis les partages de la Pologne. Cependant un coup aussi brutal, porté aux stipulations du Congrès de Vienne et aux intérêts de l'Europe, qui voyait ainsi s'établir une collaboration intime des deux redoutables voisins, ne pouvait pas ne pas inquiéter les diplomates. Le représentant français, le duc de Montebello, mal renseigné d'ailleurs, donna l'expression de son émoi dans son rapport au gouvernement français. De son côté, le représentant anglais à Berlin, sir Andrew Buchanan, beaucoup plus au courant de l'affaire et de l'opposition qu'elle avait provoquée même en Russie, où le chancelier Gortchakoff et le grand-duc Constantin, gouverneur de la Pologne, avaient vainement résisté à cette ingérence prussienne, s'empressa d'avoir un entretien avec Bismarck.

Cette mémorable conversation eut lieu trois jours après la signature de la convention Alvensleben. Elle est en tous points édifiante.

— Comment, protesta sir Buchanan, la Russie va donc introduire son armée en Pologne russe ?

— Oui, répliqua Bismarck, la résurrection d'une Pologne indépendante n'est pas compatible avec l'existence de la Prusse. Et si les Russes sont battus par les insurgés polonais, nous occupons la Pologne pour le compte de la Prusse.

— Mais l'Europe ne le supportera jamais! s'exclama sir Buchanan.

— *Qu'est-ce que l'Europe?* demanda Bismarck.

— Différentes grandes nations, répondit Buchanan.

— *Sont-elles d'accord?* ricana le Prussien.

Et quand l'Anglais, pour mieux définir cette Europe qu'il avait évoquée si mal à propos, nomma la France, Bismarck se contenta de répondre :

— Pour la Prusse, l'écrasement de la Pologne est une question de vie ou de mort.

Cette conversation reflétait à cette époque l'opinion de la Prusse sur l'impuissance d'une Europe divisée. Après l'insurrection polonaise de 1863, où les Prus*siens ont rendu des services à la Russie, sont venues* l'occupation du Danemark, la bataille de Sadowa et celle de Sedan, et enfin la proclamation de l'Empire allemand à Versailles. Tout cela a été accompli *en moins de dix ans*, tellement le moment était bien choisi par la Prusse. Et bientôt, à Metz, enlevé à la France, le même général Alvensleben qui avait signé la sinistre convention russo-prussienne, voyait donner son nom à un des forts nouvellement construits.

Retenons l'essentiel de cette conversation du 11 février 1862, les événements qui l'ont suivi, en 1863, 64, 67, 70 et 71... enfin ce qui a pesé d'un poids écrasant sur l'Europe depuis cette date jusqu'en 1914. Ainsi, en 1862, un Prussien peut demander brutalement :

— Qu'est-ce que l'Europe?

Et pour lui répondre par une réalité, un Anglais n'a qu'un seul nom :

— La France...

Vers la fin de 1920, il y a quelques mois à peine, un théoricien politique éminent écrivit ces lignes mémorables : « Après avoir eu jusqu'à vingt-cinq alliés et associés pendant la guerre, la France n'a trouvé que la Belgique pour aller avec elle à Francfort, en avril 1920 et elle n'a trouvé *personne* pour approuver son action en Pologne, quatre mois plus tard. Si une catas-

trophe s'était produite à Varsovie, notre isolement eut
été complet. *Un revirement favorable n'a eu lieu
qu'après le sauvetage de la Pologne. Cette expérience
doit servir à guider notre politique extérieure.* »
Cette expérience doit, en effet, servir à éclairer l'avenir,
à une condition cependant, c'est, qu'ajoutée en dernier
lieu aux précédentes, à toutes les autres expériences,
depuis la fin du xviii° siècle jusqu'à nos jours, elle ne
soit pas prise comme point de départ d'un itinéraire
fantaisiste, mais qu'elle soit plutôt considérée comme
une étape de la réalité politique dans laquelle nous
sommes obligés d'évoluer.

En attendant, retenons bien ceci, aussi bien à la
veille des catastrophes qu'à leur lendemain, l'Europe
ne serait en effet qu'une « expression géographique »,
si la France n'incarnait pas, au milieu d'elle, tout ce
que cette conception a de sens réel. C'est en se rédui-
sant à son expression géographique que l'Europe provoque des catastrophes. C'est parce qu'elle retombe à
ce niveau, à peine sortie d'une calamité, qu'elle a
besoin d'une France, qui garde toute sa vigilance. Et
c'est parce que cette tâche est au-dessus des forces d'un
seul pays, que la France a besoin d'être doublée, d'être
soutenue dans son rôle séculaire, au moins par un autre
pays aux intérêts identiques. Or, le choix de ce pays
ne nous est pas donné, il s'impose. Il n'y a que la
Pologne qui ait besoin de monter la garde avec
la France.

L'histoire a prouvé abondamment le parallélisme
de la France et de la Pologne à ce point de vue. L'analyse géographique et politique ne peut aujourd'hui
que fortifier l'expérience historique.

II. — LE PRINCIPE NATIONAL

« Le premier souverain qui, au milieu de la première grande mêlée, embrassera de bonne foi, la
cause des peuples, se trouvera à la tête de toute l'Europe et pourra tenter tout ce qu'il voudra. »

Il est arrivé à cette grande pensée, comme à tant
d'autres formulées par Napoléon, qu'après lui, per-

sonne, je veux dire aucun « souverain » n'a été de taille à la réaliser. C'est que les pensées d'un génie sont un lourd héritage pour les médiocres. Et l'Europe, depuis la disparition de ce dernier empereur taillé à l'antique, a bien vu le bluff colossal germanique, le gaspillage illimité russe, le calcul démesuré anglais, mais elle n'a pas eu la chance de rencontrer un grand politicien, qu'il fut souverain ou simple homme d'état.

Le successeur chétif de Napoléon-le-Grand, Napoléon III s'est bien emparé de cette idée, mais il n'était pas de taille à la réaliser.

Et au lieu de « toute l'Europe » il se trouva seulement à la tête de l'Italie, qui n'était plus Rome...

D'ailleurs, embrasser la cause des *nations* ne veut pas dire embrasser la cause des *peuples* — et c'est celle-ci qu'indique Napoléon à celui qui veut se mettre à la tête du monde.

En 1914 cependant, une République et non un Souverain a embrassé la cause des peuples. Dans la grande mêlée de la grande guerre, cette République s'est vue bientôt *à la tête* de vingt-cinq nations. C'est alors que cette République, la France, *a tenté* la chose qui paraissait impossible, et elle a vaincu.

De nouveau, avec le génie de Napoléon, nous avons approché ce fantôme qui s'appelle l'Europe, et, de nouveau, nous avons trouvé la France, sa réalisatrice.

Chose curieuse ! Napoléon a également su définir très exactement le rôle de la Pologne dans l'édifice européen. Il l'a appelée : sa clef de voûte. Mais il s'est aperçu, trop tard, que la résurrection de la nation-martyre était une condition essentielle de la sécurité de la France (la Pologne est une deuxième armée française sur la Vistule). Cet esprit puissant et qui n'avait rien de chimérique, faisant à Sainte-Hélène son examen de conscience politique, n'a pu que s'accuser impitoyablement d'avoir commis la faute de ne pas avoir restauré l'Etat polonais. Et les paroles mémorables qu'il disait à Gourgaud sont aussi à retenir : « La Pologne et Constantinople m'ont toujours apparu comme deux intérêts français. La Pologne, parce que aussi longtemps que ce royaume ne sera pas rétabli, *l'Europe occidentale sera sans frontière du côté de l'Asie ;* Constantinople, parce que c'est le marais qui empêche de *tourner la droite française.* » Encore l'Europe — la France — la Pologne. Chose curieuse : la Turquie est associée à ces pays, il est vrai, en qualité de marais. L'héritage politique de l'Empereur, autour duquel devait « patauger » le Congrès de Vienne, a posé, pour le siècle à venir, la *question polonaise* comme le pivot de toutes *les complications européennes.* Et les hommes les plus éminents de ce congrès, formés à l'école de Napoléon, ont adopté son point de vue. Déjà, en 1807, Talleyrand formulait deux conditions essentielles pour assurer l'équilibre européen : le partage de l'Allemagne entre deux dynasties et *la résurrection de la Pologne.* Quelques années plus tard, il disait au congrès de Vienne : « De toutes les questions, la première, la plus grande, *la plus éminemment européenne,* comme hors de comparaison avec toute autre, est celle de la Pologne... Le partage, qui la raya du nombre des nations, fut le prélude, en partie la cause et peut-être jusqu'à un certain point l'excuse des bouleversements auxquels l'Europe a été en proie. » Et comme le congrès de Vienne était en quelque sorte chargé de « liquider » une catastrophe mondiale, lord Castelreagh, le représentant anglais, appuya (sans succès) le point de vue français, se risquant jusqu'à dire, que l'oppression de la Pologne empêchera toujours « de donner la paix à cette partie importante de l'Europe ». Les diplomates anglais ont en effet l'habitude de discerner clairement les intérêts de l'Europe au moment du danger imminent et de perdre un peu trop volontiers cette précieuse clarté quand le péril est conjuré. Mais il n'est pas question pour le moment de la psychologie des diplomates anglais. Il s'agit de saisir l'insaisissable, car il s'agit, sinon de définir, du moins d'essayer de comprendre le sens de la conception « Europe » au point de vue politique.

Bismarck et sir Buchanan nous ont déjà appris que parfois elle se réduit, politiquement parlant, à un seul pays : la France. Nous avons vu ensuite, que souvent, les esprits les plus clairvoyants associent la Pologne à la France. Chose curieuse à noter. La conception de l'unité européenne, sortie jadis de son opposition à l'invasion asiatique, au courant du xixᵉ siècle, semble être au moins aussi souvent, évoquée en face de l'Allemagne, qui n'est pourtant pas une puissance asiatique, qu'en face de la Russie et de la Turquie. Il y a donc, dans la notion de l'intérêt général de l'Europe, quelque chose de plus que la race ou la religion. Et cet élément d'unité a une puissance singulière s'il réussit parfois à vaincre les égoïsmes, à grouper en un faisceau des dizaines d'états et enfin, dépassant les limites géographiques ou ethniques à associer à la cause européenne les puissances d'outre-mer et même une race autre que la race blanche. Ainsi, dans la conception de Napoléon, la Turquie peut devenir nécessaire pour la défense du principe européen et, dans la pratique de la grande guerre, le Japon et les Etats-Unis apparaissent — contre l'Allemagne — comme les champions du même principe.

Et qu'on ne nous parle pas des conceptions surannées du « concert des puissances », ou du « jeu des alliances » ou même de « l'équilibre européen ». Tout cela n'approche nullement, ni de cette puissante solidarité de l'Europe, au moment d'une catastrophe, ni de cet isolement tragique d'une France ou d'une Pologne quand, à elles seules, elles résument cette solidarité, même aux yeux de ceux qui les abandonnent.

Certes, les concepts de race, de religion, de civilisation commune, ont servi, chacun pendant un certain temps, à consolider l'unité européenne. Aucun ne l'a jamais résumée. L'élément qui demeure souverain, irréductible, impérissable, c'est celui de l'individualité nationale. Toutes les conceptions politiques qui l'ont dédaigné ont croulé lamentablement ; qu'elles s'appellent l'empire romain, Byzance, le Saint-Empire, la puissance ottomane, l'empire des Habsbourg, ou l'*arlequin* russe.

La carte de l'Europe, en 1920, ressemble bien plus à celle du xiiiᵉ ou du xivᵉ siècle qu'à celle du xixᵉ.

C'est que les impérialismes passent et que les nationa-
listes restent.

Et nous arrivons ainsi au facteur déterminant de
la solidarité européenne. Ce facteur, c'est une espèce
de « légitimisme » national, déjà reconnu, sinon en
droit, du moins en fait. Les expériences contraires ont
produit leurs fruits. Elles ont déterminé, on le voit
aujourd'hui, les plus puissants mouvements de l'opinion publique au cours du siècle précédent ; elles ont,
en dernière analyse, abouti à grouper autour de la
France, pendant la grande guerre, l'essaim des petites
nationalités. Et si la Société des Nations semble encore
une bien pauvre création, la faute n'en incombe point
au principe national, mais à ses accoucheurs mala-
droits, à ces « chirurgiens » de la paix qui n'ont réussi
qu'à provoquer... son avortement.

III. — CONDITIONS GEOGRAPHIQUES

La puissance du principe national dépasse toutes
les limitations qu'il rencontre en son évolution. *Nemo
natura jubet nisi parendo* a dit le philosophe. Personne
ne peut commander la nature sans accepter d'abord
ses lois. Cette maxime, qui est le fondement de la
science, constitue aussi la base de la question de la
nationalité.

Or, parmi toutes les parties du globe, la vieille
Europe est celle où le choc des nationalités était de tout
temps le plus meurtrier, le plus terrible. Complète-
ment séparée de l'immensité asiatique et africaine, la
vieille terre d'Europe, par sa position géographique,
d'un cul-de-sac plein de recoins, séparés l'un de l'autre
par toutes sortes de défenses naturelles, est devenue le
terrain classique de l'expérience nationale. Elle est
sculptée au milieu des plaines et des océans comme
le creuset de cette chimie mystérieuse, d'où sor-
tent les nations cristallisées chacune autour de son
propre principe générateur. Les flux et les reflux de
toutes les migrations ont passé par cet étroit récipient.

Et l'on peut dire, sans exagération, que les peuples qui ont réussi à s'accrocher à ses flancs (pourtant pas trop riches), sont tout ce que l'humanité a produit jusqu'à présent de plus vivace, de plus résistant, de plus industrieux. *Homo faber* a choisi l'Europe pour sa « fabrique » civilisatrice et il tient à conserver ce caractère à sa patrie dolente.

Il est remarquable que les régimes, les religions, les grands courants de la pensée européenne de tous temps cherchent spontanément à consolider et à sanctionner la population européenne comme *une communauté consciente de la solidarité de ses intérêts*. Tel est au fond le principe de la loi romaine que l'Europe a accepté presque tout entière, tel est aussi le sens de sa confession dominante, du christianisme. Les différents efforts pour forme de vastes empires sur le territoire européen se rattachent plus ou moins à cette tendance. L'imposante organisation de l'Eglise catholique est peut-être jusqu'à présent son expression la plus générale.

Les luttes des peuples pour maintenir leur propre individualité nationale, bien que très âpres sur le terrain surpeuplé de l'Europe, furent pourtant suspendues de temps en temps, lors des grands dangers, des calamités qui menaçaient toute la communauté, et mieux encore : parfois les nations européennes entreprenaient des croisades auxquelles elles participaient toutes.

Et bientôt un mouvement se dessina en Europe qui devait puissamment corroborer non seulement l'épanouissement définitif de la nationalité, mais aussi la *reconnaissance de son inviolabilité*. Nous avons nommé le mouvement colonisateur. L'Europe peuplée grâce à l'expansion de l'Asie, entreprend à son tour un mouvement d'expansion. Elle découvre le globe. Les nations européennes les plus industrieuses, c'est-à-dire les plus représentatives de l'Europe, se lancent sur les océans et fondent ainsi des sources nouvelles de leur épanouissement, *en dehors de l'étroite patrie*.

Les latins et les anglo-saxons réussirent ainsi les premiers à se créer des empires ou des dominions sans

tailler leurs conquêtes dans la chair du vieux conti-
nent européen. Au fond, depuis le xvıı⁰ siècle, sauf des
interruptions passagères, les nations occidentales accep-
tent, sinon comme loi, du moins comme usage sage
et salutaire, de ne plus s'envahir mutuellement sur
leurs terrains nationaux. Leurs rivalités, leurs chocs se
produisent surtout en dehors de l'Europe. La décou-
verte des colonies leur offre des champs d'expériences
où celles-ci coûtent moins cher, ne bouleversent pas
trop la vie des patries respectives et par suite mènent à
*l'abandon du régime des conquêtes en Europe elle-
même.* Les sanglantes leçons du passé, le sentiment
partout grandissant de la légitimité du patrimoine
national, l'adoucissement et la complication de la vie,
qui font de chaque guerre une souffrance insuppor-
table parmi des ruines de plus en plus irréparables —
tout cela contribue à l'avènement du principe de l'inviolabilité de ces *individus collectifs qu'on appelle les
nations.*

Considérons encore la carte de l'Europe. A l'est
et à l'ouest de son territoire nous voyons comme deux
chapelets, formés chacun par un nombre plus ou moins
considérable de nationalités historiques, amoindries
souvent et comme entassées l'une sur l'autre. C'est l'héritage des remous et des migrations des siècles passés.
A l'ouest, la Belgique, la Hollande, le Danemark, le
Luxembourg, la Suisse et derrière ces pays, la France,
De la mer du Nord jusqu'aux bords de la Méditerranée
s'étend ainsi comme une digue de peuples, qui, petits
ou grands, ont conservé leur individualité nationale et
leur indépendance étatiques — nous savons au prix
de quels sacrifices.

De l'autre côté du continent, entre la mer Baltique
et les Balkans, s'égrènent la Finlande, la Lithuanie, la
Bohême, la Hongrie, la Roumanie, la Serbie, la Bul-
garie, la Grèce et, entre les deux mers, la Pologne.

Toutes ces nationalités ont survécu à des secousses
terribles. Elles ont vu la formation et la chute des différents régimes qui menaçaient, un instant ou plusieurs siècles, leur existence. Toutes ont une histoire
honorable de résistance individuelle ; toutes appor-

tent un éclatant témoignage de l'immortelle endurance, de la force irréductible, de l'individualité réelle du principe national.

Rome et Byzance, le Saint Empire romain et l'Empire ottoman ont éclaté sous la poussée irrésistible de ces mêmes peuples qu'ils prétendaient assujettir. La résistance d'une petite Serbie ou de la Belgique ont déterminé une suite d'événements d'où sortit l'écroulement de l'Empire des Habsbourg et de celui des Hohenzollern. La chute de l'Empire russe, paradoxale étant donné le caractère de ses véritables détracteurs, est due surtout à la politique de conquêtes et d'assujettissement vis-à-vis des peuples qui bordent son territoire national et au mépris, au gaspillage vis-à-vis de sa propre nation, pratiqués par le régime tsariste germano-mongol. Et nous sommes témoins, en ce moment même, des difficultés catastrophiques que l'immense Empire britannique traverse par la faute de ses politiciens qui se mettent imprudemment en travers du principe national aussi bien dans leur politique extérieure qu'intérieure. Une minuscule Irlande peut devenir ainsi le point de départ de la catastrophe pour le plus puissant des empires.

Et c'est encore en étudiant les évolutions du principe national dans les conditions géographiques de la vieille Europe, que nous comprendrons le mieux sa force et sa faiblesse, sa grandeur et sa décadence. Car, il saute aux yeux, que le danger qui menace la vie européenne ne lui vient point aujourd'hui du dehors, mais que son foyer réside bien *au milieu de la communauté des nations européennes.* Ou, pour être plus près de la réalité des choses, nous sommes obligés de constater que le danger de l'invasion *extérieure* (asiatique), qui jadis constituait l'unique menace commune pour tous les peuples européens, est aujourd'hui en quelque sorte remplacé par une *invasion organisée à l'intérieur du continent.* Celle-ci d'ailleurs menace aussi de renouveler le danger du dehors, de même qu'une trahison livre une forteresse à l'ennemi. A deux reprises, en encourageant les Turcs et en s'associant à l'offensive nettement asiatique des bolcheviks, l'Allemagne tente *de briser définitivement la solidarité européenne qu'elle a déjà solidement entamée au cours de son histoire !*

Ainsi du fait de la politique allemande, l'Europe qui a déjà conjuré une fois le danger de l'invasion du dehors, qui a déjà traversé la période épuisante des luttes nationales intestines et qui a commencé à s'organiser comme une *communauté de nations*, se voit rejetée d'un seul coup dans l'époque de la barbarie, menacée par l'invasion, son œuvre de réconciliation nationale remise en question.

Il est vrai que grâce à l'Allemagne les dirigeants européens sont forcés de passer en revue leurs principes et leurs méthodes politiques, aussi bien au point de vue national qu'international. Mais cela nous coûte malheureusement trop cher et nous n'achèterons à ce prix que ce qui a déjà été : notre propre patrimoine !

Le rôle de l'Allemagne, placée géographiquement de façon à *menacer toute la communauté européenne*, nous mène à l'analyse définitive du principe national appliqué dans le domaine politique. Car l'Allemagne est en même temps et l'incarnation de ce principe la plus puissante *matériellement*, et, son opposition la plus violente par la faute de sa remarquable dégénérescence *morale*.

Au moment même où les grandes et petites nations occidentales ont adopté la politique coloniale, *en dehors de l'Europe*, comme la seule forme raisonnable de leur expansion, l'Allemagne renforce sa politique d'expansion par la *conquête en Europe*. L'histoire en est trop connue pour qu'il y ait besoin de retracer ici ses étapes.

En tout cas au commencement du xviiiᵉ siècle la Prusse commence à s'agrandir aux dépens de ses voisins. Après avoir cousu à son propre territoire les territoires trois fois plus grands de l'Autriche-Hongrie et de la Pologne, la Prusse passe de l'est à l'ouest et commence la conquête de l'Allemagne elle-même. Ensuite vient le tour du Danemark et de la France. Vers la fin du xixᵉ siècle, l'Allemagne est à peu près la seule puissance géographiquement européenne qui doit plus de ses conquêtes qu'elle n'a *jamais possédé de patrimoine propre*. Et nous ne parlons pas ici, bien entendu, de l'origine même du domaine germanique en Europe, car alors il faudrait avouer tout bonnement que le Vaterland teutonique n'est qu'une vaste conquête sur *plus de quarante petits et grands peuples européens*, accomplie depuis le moyen âge jusqu'au XIXe siècle. Nous ne parlons pas ici de la *racine* germanique. Elle plonge tout entière dans la tradition d'invasion asiatique. Nous parlons seulement de l'extension de l'Allemagne comme telle, depuis qu'elle a cessé d'être le Saint Empire romain et jusqu'au moment où elle est devenue l'Empire allemand.

Pendant que les puissances occidentales vont à la conquête des colonies, l'Allemagne se contente de traiter l'Europe tout entière comme un « *hinterland* », une vaste terre de colonisation. « L'Allemagne — dit M. Etienne Fournol qui l'a bien étudiée — a été au cours des siècles, dans un territoire immense de l'Europe centrale, un colonisateur patient, méthodique et heureux. Et pour que cette constatation monstrueuse soit tout à fait conforme à la réalité, ajoutons que ce n'est point uniquement en Europe centrale, mais aussi en Europe occidentale (Hollande, Belgique, France) et en Europe de l'Est (Estonie, Lettonie, Lituanie, Ukraine) que l'Allemagne fut « un colonisateur méthodique « sinon toujours « patient et heureux ». C'est l'expansion directe primitive, au détriment de ses voisins, que pratique l'Allemagne. C'est bien la méthode de *l'expansion* asiatique, la méthode des *grandes peuplades continentales* venues des espaces illimités n'appartenant à personne, que l'Allemagne applique ainsi à la terre mille fois historique de la vieille Europe, à ses pays surpeuplés, où chaque coin constitue depuis mille ans une patrie.

Une situation géographique privilégiée, au milieu du continent ; un pays dont la pauvreté (Brandebourg) comme les richesses (Rhénanie) tour à tour servent ses méthodes « colonisatrices » ; une population, constituée principalement des débris des peuplades assujetties — prolifique et robuste — voilà les éléments matériels de l'expansion allemande. Les éléments moraux jouent pourtant un rôle encore plus décisif. La docilité surprenante, la plasticité de la population allemande entre les mains de ses dirigeants est ici un facteur que l'on ne retrouve nulle part ailleurs qu'en Asie. Les débris de quarante peuples — d'origine slave la plupart — pliés une fois à la volonté du conquérant — cela ne se voit nulle part en Europe. L'Allemagne, dont l'unité nationale est si souvent exaltée, est au fond l'amalgame le plus hétérogène qu'on puisse imaginer. Mais la dure loi de conquête a donné une cohésion à cet amalgame. Elle a forgé surtout son armure entre le marteau de la dynastie des Hohenzollern et l'enclume de la Prusse, parcelant sans pitié les débris des autres races moins résistantes.

Telle est l'origine de la « nation » la plus nombreuse aujourd'hui en Europe. C'est en effet le pôle opposé de la force génératrice qui réside dans le principe national tel qu'il est accepté et consacré par l'Europe. D'une façon fatale, une telle avalanche humaine, placée dans l'obéissance aveugle (grâce à l'esclavage qui est son origine), sous la domination d'un état et d'une dynastie, ne pouvait pas ne pas devenir la *catastrophe organisée* pour les peuples européens.

Les Allemands exaltent beaucoup leur origine indo-germanique. A vrai dire, il y a dans leur race beaucoup moins de cette sève qu'ils ne le pensent. Le mélange finnois et slave, les apports de tribus obscures comme ces Prussiens dont ils volaient jusqu'au nom, devenu « national » — telle est en réalité la composition de la nation allemande. Mais ce qui ne lui manque pas certainement, c'est l'élément asiatique dont la psychologie ne diffère pas beaucoup de celle des Mongols. Le célèbre « *ausrotten !* » allemand, leur formule terrible « *Lande ohne leute* », leur méthode vis-à-vis des vaincus (*væ victis*) rappellent de point en point les terribles « méthodes » des Gengis-Khan et des Tamerlan de jadis et celles des Turcs et des Jeunes-Turcs d'aujourd'hui. Cette déchéance morale d'une grande communauté abâtardie par sa composition est devenue justement l'instrument du crime séculaire,

organisé entre les mains de la dynastie des Hohenzollern. L'histoire allemande, il faut l'espérer, a brisé à
jamais le préjugé dynastique dans la conscience des
peuples européens, tellement ténébreuse, sanguinaire et
criminelle, est son expérience.

Et c'est ici que nous arrivons à saisir, grâce à cette
expérience, tout ce que contient de redoutable le principe national en fonction d'une race dégénérée et d'un
régime suranné, surtout quand les conditions géographiques de la situation, du nombre, des richesses naturelles prêtent à ce principe un appui trop puissant.

Tournées jadis face au danger asiatique ou afri-
cain, les nations-sentinelles de l'Europe se sont vues,
au fur et à mesure que la puissance germanique gran-
dissait, menacées, par derrière, dans leur propre mai-
son. Bientôt, à côté du *front extérieur*, l'Europe a été
obligée de constituer un *front intérieur*.

Seule, la présence parmi les peuples d'Europe de
cette masse humaine toujours prête à s'ébranler dans
une direction voulue (nous verrons bientôt que le
fameux *Drang nach Osten allemand* n'est qu'un
leurre) a suffi pour fausser le jeu des affinités et des
intérêts communs, engendrant partout la haine et la
peur, l'égoïsme et la ruse.

Voilà pourquoi l'Europe se vit trop souvent
réduite à la France isolée, vers laquelle de loin se ten-
daient les mains ensanglantées et enchaînées des peuples en détresse. La digue de l'Est — jadis assez forte
pour contenir l'offensive asiatique, — est devenue
insuffisante pour la double tâche de résistance et contre l'invasion extérieure, et contre la trahison organisée
par la « colonisation » allemande à l'intérieur de l'Europe. Bientôt la digue occidentale, pourtant mieux con-
solidée et n'ayant qu'un seul front, se vit menacée à son
tour.

Et pour maintenir l'unité de l'Europe, c'est-à-dire
de la *communauté des nations souveraines, reconnues
chacune inviolable dans sa patrie*, il fallait d'abord la
secousse inouïe de la Grande Guerre et il faudra
ensuite une collaboration étroite, patiente, dévouée
des peuples qui l'assurent. Ils ne sont pas d'ailleurs

trop nombreux. Le moment est propice pour déterminer, sans illusions superflues, quelles sont les *marches de l'Europe* — de ce fantôme dans le domaine politique, dont pourtant nous sentons tous si profondément l'emprise dans tous les autres domaines.

IV. — LES DEUX MARCHES EUROPEENNES

La fonction crée l'organe. Aussi longtemps que la guerre restera l'industrie nationale de l'Allemagne, et que celle-ci ne respectera pas la base essentielle de l'unité européenne, c'est-à-dire l'inviolabilité du principe de la souveraineté nationale, aussi longtemps que cette nation restera parmi les autres une *catastrophe organisée* suspendue sur leurs destinées — ces nations seront obligées de prendre les précautions nécessaires pour assurer leur légitime défense. Dès lors, les peuples menacés ne pourront recourir qu'à deux façons d'agir.

La première consistera à affaiblir le plus possible la capacité offensive et destructive de l'Allemagne, ou même à l'annihiler pratiquement. Les actes nécessaires pour atteindre ce but ne sont sans doute possibles que pendant une guerre ou tout au moins ils sont consécutifs à un état de guerre. Le deuxième mode d'action est le seul que l'état de paix permette de réaliser : c'est la consolidation du « front intérieur ».

Malheureusement, après la Grande Guerre, l'Europe, alors encore unie, donc toute puissante, n'a pas su accomplir la tâche nécessaire. Pour que cette lourde faute ne devienne pas le point de départ d'une guerre nouvelle, nous n'avons plus aujourd'hui qu'une chose à faire : nous efforcer d'obtenir le plus possible de la paix médiocre qu'on nous a imposée.

Cependant, grâce à Dieu, cette paix n'est pas encore établie définitivement. Les forces actives de l'Europe ne sont pas encore démobilisées. Bien des choses sont encore réparables si l'on ne perd pas de temps et si l'on se dépouille des pernicieuses illusions.

Il faut surtout se persuader que l'Europe, c'est-à-dire la communauté des nations lésées ou menacées dans leur souveraineté, acceptera tout ce qui lui promettra la sécurité.

Affaiblir le danger (par l'action extérieure) et fortifier les défenses (par l'action intérieure) ce ne sont pas là deux écoles politiques, deux points de vue opposés, mais deux modalités de la même *action*. Qui accepte le premier point de vue approuve le second. Qui s'oppose au second a un intérêt avoué ou inavouable à empêcher la réalisation du premier. Mais la défense intérieure des peuples européens ne peut se passer ni de l'un ni de l'autre de ces *modes* d'action.

Considérons tour à tour ce qu'il nous est encore permis de faire dans les deux directions.

Les auteurs de la paix de Versailles ont bien compris que l'Allemagne devait être désarmée. Cette stipulation a été élaborée par eux avec un soin tout particulier. Malheureusement une chose leur a échappé : c'est que le désarmement n'est pas une œuvre de paix, mais bien une œuvre de guerre. Il fallait avant tout, en effet, désarmer notre ennemie, mais il fallait aussi lui faire toucher du doigt notre force en effectuant son désarmement au cours de la marche victorieuse des troupes alliées à travers cet immense camp retranché qu'est l'Allemagne. Nous pouvons peut-être encore éviter une nouvelle guerre si, au lieu de prendre la tâche du désarmement à la lettre, nous la comprenons dans son essence, dans son esprit même. Les stipulations du traité de Versailles nous ouvrent cette possibilité, bien que notre propre aveuglement nous la dérobe.

Sans aller aussi loin que certains écrivains, qui considèrent toujours (malgré mille ans d'expérience !) l'Allemagne comme un pays pacifique et industriel et la Prusse seule comme un état de proie, il faut admettre que tant qu'il s'agit du désarmement de l'Allemagne, c'est bien de la Prusse avant tout qu'il faut s'occuper. Le traité de paix a indiqué les modalités de ce *désarmement de l'Allemagne par la Prusse*: Dantzig ville polonaise, la Prusse orientale rattachée à la Pologne, la Haute-Silésie, pays essentiellement polonais, restituée à sa patrie.

La cabale diplomatique a déjà réussi à fausser deux de ces solutions. Sir Reginald Tower a laissé un temps précieux aux pangermanistes prussiens pour organiser autour de la question de Dantzig tout un imbroglio d'équivoques. La haute banque allemande a, de son côté, réussi à fausser le plébiscite de la Prusse orientale. La baisse artificielle du mark polonais et la campagne de presse représentant la Pologne comme un « *Sesonenstaat* » ont fait perdre la partie d'abord à la Pologne, mais aussi à la cause commune : la défense européenne. La Prusse orientale reste donc ce qu'elle a toujours été, sous la domination prussienne, un territoire *militaire*, avec une population *militaire*, sans aucune autre raison d'être pour l'Allemagne que la raison *militaire*. La Prusse orientale, c'est le pays où l'Allemagne organise les coups de force, qu'elle les dirige à l'Est (avec un Bermond) ou à l'Ouest (avec un Kapp) ou dans toutes les directions (avec un Hindenbourg, ce sous-Hohenzollern de circonstance).

Cependant, le troisième point du programme de désarmement — celui de la Haute-Silésie — n'a pas encore reçu sa solution. Le plébiscite accepté pour ce pays, dont 90 % de la population est polonaise, est une monstruosité même pour le président Wilson, pourtant bien orthodoxe vis-à-vis du principe national. Nous savons quelles influences ont définitivement prévalu lors de la conférence de la paix, contre la justice et la logique. Il reste donc le plébiscite autour duquel s'agitent toutes les forces ténébreuses de l'Allemagne, tout ce que la Prusse compte de prussificateurs zélés, de fonctionnaires dévoués. Une extraordinaire cabale se monte autour de ce problème, depuis le livre de Keynes, jusqu'à la campagne en règle que mènent actuellement les organisations militaires allemandes contre le contrôle sur place des Alliés.

Et pourquoi cette véritable mobilisation ? Tout simplement pour défendre le foyer où se forge la puissance agressive de la Prusse.

L'Allemagne, pour subvenir à ses besoins économiques (exportation comprise) possède l'admirable région rhénane riche en mines et en établissements industriels.

Mais il ne faut pas oublier cette autre industrie nationale, but final de toutes les autres, qui est la guerre. Or, pendant que la Rhénanie travaille pour l'industrie générale, la Haute-Silésie pourvoit aux besoins de cette industrie prussienne. Il suffit d'étudier de près la formidable organisation militaire de l'Allemagne pour comprendre son « besoin » de la Haute-Silésie. Les centaines de places-fortes, les milliers de casernes, les kilomètres de chemins de fer stratégiques, les centaines de mille de wagons et de locomotives, de camions et d'automobiles militaires, où voulez-vous que l'Allemagne les fabrique ? si ce n'est en Haute-Silésie ou grâce à la Haute-Silésie.

Supprimez à la Prusse ce fief de fer et de houille supplémentaire et du coup vous la désarmez. Mais cette solution est trop simple pour que l'esprit tortueux de nos diplomates s'y arrête de bonne grâce.

Il y a un autre point important, malheureusement aussi peu compris que le précédent. L'organisation industrielle et minière de la Haute-Silésie, une fois détachée de la Prusse et réunie à la Pologne, *c'est la fin du monopole de l'importation allemande en Russie.* L'industrie polonaise, soutenue par les capitaux alliés, ferait valoir la Haute-Silésie comme elle a fait valoir les établissements de Lodz, de Huta Bankowa, de Zyrardow et ainsi sur l'immense marché russe, l'Allemagne aurait bientôt un concurrent dangereux. Les Alliés, dont tant d'intérêts demeurent engagés en Russie, en Ukraine, pourraient ainsi obtenir un placement pour leurs capitaux et le contrôle de l'influence allemande à l'Est. La Russie ne serait plus assujettie « à dix millions d'agents allemands » comme les Allemands se promettent de le faire aujourd'hui.

Nous répétons pour la dernière fois, que le traité de paix, malgré ses lacunes, a laissé la possibilité du *désarmement de l'Allemagne par le désarmement de la Prusse.* Aujourd'hui encore, malgré les fautes commises, par la perte de la Haute-Silésie, la Prusse peut être privée de la *force motrice* de son industrie militariste. A ce titre-là, on pourrait même laisser à la *Sicherheitpolizei* quelques mitrailleuses de plus, mais en lui enlevant à tout jamais la forge silésienne où elle forge son armure.

La deuxième modalité de la défense européenne — celle qui nous reste même pendant la paix — consiste à consolider notre front intérieur.

Mais où est-il ce front ? Pendant la guerre il reste visible, et encore, mais pendant la paix, la marée montante des égoïsmes nationaux couvre presque entièrement ses contours. Il est presque aussi indéfinissable, quoique réel, que l'Europe elle-même.

Si le front tout entier reste submergé, de façon qu'on voit à la marée haute de la paix seulement sa ligne rompue et ébréchée, il a, au moins, deux points de repère qui, ceux-là, ne nous font jamais défaut.

La fonction crée l'organe, avons-nous dit tout à l'heure. La guerre perpétuelle faite à l'Europe par l'Allemagne a créé aussi aux deux extrémités du continent *deux marches de la défense*, deux places d'armes pour les peuples en détresse, sur lesquelles ils peuvent compter toujours, qui n'ont jamais fait défaut au jour où le danger commun a créé la cause commune européenne.

La France à l'ouest — glorieusement, admirablement — assume cette responsabilité depuis des siècles.

La Pologne à l'est — même enchaînée — n'a aussi jamais failli à cette tâche.

De ces deux pays, un parallélisme saisissant accentue l'unité de rôle vis-à-vis de l'Europe. Et je ne puis que redire ici les paroles que j'ai prononcées déjà à la Sorbonne le 17 janvier 1918.

A ce moment, la France avait invité, sans attendre la fin de la guerre, les peuples déshérités de l'Europe à venir témoigner de leurs droits. J'ai eu l'honneur de prendre la parole au nom des Polonais sur le sujet même qui nous intéresse ici, à propos du parallélisme historique des deux marches européennes, de la France et de la Pologne (1).

(1) La protestation des Peuples martyrs, par *l'Effort de la France et de ses alliés*, 1918, pages 17-18.

« On voit se dessiner une sorte de parallélisme
« entre le sort de la Pologne et le sort de la France à
« travers l'histoire.

« A la fin du xviii° siècle, deux grands événements
« dominent la politique du monde : la grande révolu-
« tion française et le partage de la Pologne.

« Pendant que la France proclame les Droits de
« l'homme, là-bas une coalition assassine une nation.
« Depuis cette époque, les conséquences de ces deux
« grands événements se font sentir à travers toutes les
« crises dont l'Europe est le théâtre.

« Bientôt, après la grande révolution et le partage
« de la Pologne, la Sainte Alliance s'organise pour
« poursuivre ses deux buts essentiels ; d'un côté, ter-
« rasser la France et lui imposer un régime réaction-
« naire, de l'autre, achever l'assassinat et le dépeçage
« de la Pologne.

« En 1830, quand la France réclame ses libertés
« avec la Belgique, les troupes de la coalition réaction-
« naire sont en marche contre la France. Ces troupes
« sont arrêtées par l'insurrection de la Pologne.

« Quand après les mouvements révolutionnaires
« de 1848, en Allemagne on réclame des réformes
« démocratiques, quand après la guerre de Crimée, la
« Russie même est prête à donner des libertés à la Polo-
« gne, nous voyons que ce courant est déterminé par
« des vagues profondes venues de la France libérale
« d'une part, et d'autre part, à la suite de la lutte natio-
« nale soutenue par la Pologne.

« Quand à Berlin, à Vienne, à Dresde, à Prague
« gronde la révolte, vous voyez l'idée française et l'ac-
« tion polonaise mener ces mouvements.

« Mais la réaction a repris bientôt et encore une
« fois elle vise la France et la Pologne ensemble. Vers
« 1860, commence à se dessiner une nouvelle alliance,
« une nouvelle coalition réactionnaire. Vers 1863, l'Al-
« lemagne, qui est déjà l'Allemagne de Bismarck, a
« conçu son plan de conquête générale en Europe ; elle
« entrevoit déjà les limites qu'elle veut atteindre
« aujourd'hui. En 1863, alors que nous avions l'es-
« poir, presque l'assurance de pouvoir éviter notre

« sanglante insurrection et d'obtenir une sorte d'ac-
« cord, de la Russie, c'est l'intervention allemande qui
« noie dans le sang l'insurrection polonaise et qui a
« à jamais rompu la possibilité des relations entre les
« deux nations slaves. Mais, en même temps, à la dis-
« tance de quelques années seulement, en 1870, la
« force ténébreuse, guidée par la Prusse, porte un coup
« terrible à la France et crée la situation dont elle
« souffre encore aujourd'hui.

« De nouveau l'histoire unit les destinées de nos
« deux peuples et nous voyons que la puissance alle-
« mande est basée toujours sur ce double principe :
« d'un côté, terrasser ou affaiblir la France, de l'autre,
« maintenir l'œuvre néfaste du partage et ne pas souf-
« frir une Pologne libre et forte à côté d'elle. C'est ici
« que l'analogie entre la France et la Pologne arrive à
« son moment le plus tragique : au xviiie siècle, l'Eu-
« rope était dans une sorte de torpeur ; elle n'a pas
« bougé quand la Pologne a été partagée ; en 1870,
« quand la France qui a rendu tant de services à l'hu-
« manité, est mutilée, la même inertie se manifeste en
« Europe, l'Europe ne bouge pas. L'opinion publique
« européenne n'existe pas comme force morale quand
« la France est par terre. Depuis cette époque, l'Eu-
« rope a eu le temps de réfléchir.

« Mais c'est seulement en 1914 qu'elle a compris
« l'étendue et l'imminence du danger. C'est à la
« lumière de la victoire de la Marne, que la conscience
« européenne s'est enfin éclairée. L'Europe a compris
« en ce moment, que la terrible pendule de l'impéria-
« lisme allemand se promenant de l'est à l'ouest,
« menace à travers la Pologne mutilée tout l'est euro-
« péen, et à travers la France envahie, tout l'Occident.
« Et quand elle a compris que la France est la marche
« de l'occident nécessaire à son existence même, elle
« est à la veille de comprendre le rôle analogue de la
« Pologne à l'est. »

Tout cela, la France l'a compris la première ; ce
qui est naturel, car c'est la marche de l'ouest qui a,
avant tout, besoin de la consolidation de la marche de
l'est. Mais l'Europe ne manquera point de le compren-

dre à son tour si on ne laisse pas le temps aux égoïsmes
et aux mesquineries particulières de remplacer la pré-
voyance et le sens de l'intérêt commun.

Et déjà, au courant de 1920, ce besoin de la consolidation mutuelle des deux marches s'est fait sentir
de la façon la plus impérieuse. Lors de l'avance de
l'armée rouge sur Varsovie, les Prussiens (on connaît
maintenant les détails du complot) étaient aussi prêts
à bondir de leur côté. Cependant la Pologne, aidée par
les conseils et l'appui moral de la France, a su non
seulement résister mais vaincre. Et la cabale s'est
évanouie. Voici pourquoi M. Jacques Bainville, obser-
vateur remarquable et juge peu sentimental des événements, tout en désespérant de trouver pour la
France (et pour l'Europe) un appui de tout repos dans
l'Europe de l'Est, conclut ainsi : « Dans cette vaste
partie de l'Europe où nous avons à chercher des Alliés
et les éléments d'un nouvel équilibre, tout est faiblesse et confusion », et plus loin « c'est encore en
elle (la Pologne) que notre confiance serait le mieux
placée ». Il a encore raison quand il ajoute que si
Varsovie avait été prise « la Pologne eut été *aban-
donnée et la France avec elle* ».

Pour nous, d'ailleurs, cette récente expérience
de 1920 n'est point inattendue. Elle ne fait qu'accentuer la réalité qui existe de longue date, depuis que le
front intérieur de l'Europe est devenu une nécessité
impérieuse pour sa sécurité.

Mais retenons ici, de la remarque de M. Bainville,
un mot, un seul mot : c'est bien la *confiance* qu'il
évoque au sujet de la Pologne. Or, nous verrons bientôt que cette précieuse confiance est l'apanage historique le plus précieux des peuples civilisés et que c'est
surtout sur elle que repose l'édifice de la défense européenne, confiée *tacitu consensu* à la France et à la
Pologne, deux marches indispensables, l'une pour
l'autre, les deux pour l'Europe, si toutefois l'Europe
est indispensable pour le globe.

V. — LA GARANTIE QUI S'IMPOSE

Un jour Bismarck, répétant le mot de Flotwell, a dit :

— La Pologne ? Ce n'est qu'une noblesse et un clergé !

Il se trompait grossièrement, mais ce n'était qu'un prussien et nous ne devons pas trop lui demander au point de vue de la psychologie. En tout cas il retardait à ce moment au moins de cinquante ans. Tout autre est l'opinion des explorateurs allemands, tels que Delbrück ou Bernhardt qui ont visité et étudié la Pologne contemporaine. Ce dernier s'inquiétait beaucoup de la puissance des paysans polonais au point de vue économique et moral, il appelait la Posnanie la « république paysanne ». Que dirait-il aujourd'hui, le vieil hobereau de Poméranie, si on lui montrait la diète de Varsovie avec ses députés paysans et M. Witos, un paysan authentique, président du conseil ?

De tous les pays européens, la Pologne est aujourd'hui celui qui a poussé le plus loin la tentative de résoudre la question agraire dans le sens démocratique le plus large. Son clergé, que Bismarck a traité avec un mépris si méprisable est aussi composé dans ses $9/10^e$ de fils de paysans, ce qui veut dire que s'il est patriote, son patriotisme n'a rien de romanesque, mais a des attaches solides dans le sol polonais.

Nous sommes cependant trop habitués à la façon prussienne d'arranger la vérité suivant le besoin. (In Not kein Gebot) pour insister ici sur un détail. Au dix-huitième siècle on accusait la Pologne, tantôt d'intolérance extrême et tantôt d'extrême liberté. N'était-elle pas, cette République polonaise, présentée en même temps comme issue de la Révolution française et comme suppôt de la réaction ? De nos jours ne présente-t-on pas l'état polonais comme un *Sesonenstaat* d'un côté, et comme une redoutable puissance militaire de l'autre ?

Mais passons et haussons les épaules ! Il y a toujours des fonds secrets à Berlin...

Définissant tout à l'heure le rôle de la France et de la Pologne comme celui des marches indispensables pour la consolidation du front intérieur de l'Europe, nous avons envisagé la question uniquement au point de vue national. D'autre part, l'analyse la plus furtive même de la politique séculaire allemande nous a fait toucher du doigt une redoutable déformation du principe national, quand, sous la poussée des instincts barbares, grâce à une situation géographique privilégiée et entre les mains d'une dynastie ou d'un régime, il devient une force destructive et sinistre. Le « Deutschland über alles ! » est l'expression caractéristique de la dégénérescence du principe national en nationalisme effréné. Et ce nationalisme, les circonstances aidant, devient à son tour de l'*impérialisme*, c'est-à-dire une conception qui ne reconnaît qu'un seul lien entre une nation et le reste du monde, celui de la *domination*. L'Allemagne n'est pas seule à nous fournir l'exemple de cette déviation stérile et épuisante du principe national qui est, par son essence même si créateur et si fécond. Sous nos yeux, au lendemain de cette guerre terrible, d'étranges aberrations grouillent dans la pénombre de ses deuils. Sans parler des empires encore établis en dehors de l'Europe, voici l'impérialisme forcé de la Russie soviétique et voici la minuscule manie de grandeur de la turbulente Tchéco-Slovaquie...

Oui, ce sont là les maladies de croissance des nations quand ce ne sont pas des signes de leur décrépitude sénile, l'indication du moment où elles retombent en enfance. De toutes façons, le complément nécessaire du principe national pour qu'il ne dégénère pas en nationalisme et en impérialisme se trouve dans le *domaine social*.

Vers le milieu du siècle passé, les patriotes et les réformateurs parlaient surtout du *droit des peuples*. A cette époque les deux causes — celle de la nation et celle de la démocratie — étaient étroitement liées. De nos jours, après l'expérience longue et douloureuse de conciliation des formes inconciliables, telles que l'Empire et la Démocratie par exemple, entreprise par Bismarck et continuée par Trotsky et Lénine, on revient peu à peu au respect plus sincère et plus salutaire de ce qui est réellement *le peuple*. On commence à découvrir les vertus de la classe *paysanne*, solidement ancrée dans le sol de la Patrie. On s'aperçoit que la *bourgeoisie* est tout autre chose que la cohue ignoble des profiteurs et l'équivoque suppôt de la haute finance. On commence aussi à apprécier autrement l'*ouvrier* qui travaille et les énergumènes internationaux, fauteurs de troubles et fainéants. Pourtant, bourgeois, paysans, ouvriers constituent justement *le peuple*, c'est-à-dire le substratum de la nation et, en même temps, de l'humanité ! La grande guerre, grâce au bluff colossal de l'Allemagne qui a simplement embrigadé une partie de « ses socialistes » comme agents provocateurs à l'étranger, a attiré les yeux de l'Europe sur l'abîme qui sépare la démocratie française, agencée honnêtement et logiquement par un *régime républicain* et celle qui n'est que le trompe-l'œil derrière lequel le féodalisme allemand continue de mettre ses voisins en coupe réglée, comme jadis les barons allemands détroussaient les voyageurs sur la grande route.

Et après la guerre, l'expérience lamentable de la malheureuse Russie a définitivement dessillé les yeux de ceux qui, avides de justice sociale, ne la confondent point avec la vengeance sociale.

S'il existe un pays où les conceptions du *peuple* et de la nation, de la nation et de *l'état* s'unissent en un tout, puissant de vie, libre d'équivoques, susceptible d'évolution sans fin, ce pays est sûrement la France.

La France, par sa construction sociale même, présente aujourd'hui, au milieu du monde en transformation, *une garantie unique* au point de vue qui nous occupe ici. Il y a longtemps qu'elle a passé par la maladie de l'impérialisme et elle en est guérie à jamais. Il y a longtemps aussi qu'elle a fait ses expériences sociales révolutionnaires. Au milieu de la catastrophe la plus épouvantable qui ait jamais frappé le monde, la République française a su donner le maximum de résistance et d'initiative à la fois. Elle a vaincu les Empires et les organisations militaires les plus redoutables. Et, chose remarquable, après la victoire, elle ne cherche pas à tirer profit de sa situation. Elle reste modérée et modeste, ne changeant en rien ses relations extérieures avec les peuples voisins. Tout cela forme un ensemble singulièrement solide et logique, assuré et rassurant. Cette marche glorieuse de l'Europe, salutaire dans la détresse, est donc en réalité *digne de toute confiance*. Un pays, une nation, un état qui, comme la France, a fait ses preuves, qui a passé par toutes les expériences, est un *mandataire rêvé pour une communauté de nations...* Car — et nous arrivons ici à ce qui constitue la base vitale de la communauté européenne — cette communauté a besoin avant tout d'être assurée que cette « marche » de sa défense, que ce mandataire de sa volonté offre toutes les garanties de connaître et d'apprécier les *bienfaits incalculables de la paix*. Or, l'histoire de la France donne ces garanties, autant qu'il est possible au pouvoir humain de les donner. Elle certifie que *ni politiquement, ni socialement elle n'abusera pas de sa puissance, elle ne sortira pas de son rôle de gardienne de ce bien suprême de l'Europe éprouvée :* la Paix. C'est aujourd'hui, parmi les consciences collectives de l'Europe plus qu'une conviction, c'est une croyance. De la France, les peuples le savent, ils n'ont rien à redouter. Sa protection ne les enchaîne pas, sa puissance ne les menace pas. Et si la France embrasse une cause, c'est parce que cette cause est juste. Si elle lève son glaive, c'est uniquement pour parer un coup suspendu sur la tête du monde.

De l'autre côté de l'Europe vit un peuple de constitution organique robuste, dont la très grande majorité est constituée par la classe paysanne. Ce peuple a supporté de terribles épreuves du fait du nationalisme effréné et de l'impérialisme sans vergogne de ses voisins. A la veille du crime qui a failli l'anéantir, ce peuple a accepté bénévolement une grande réforme humanitaire, nivelant les injustices sociales du passé. A travers tout le xixe siècle, quoique mutilé, il n'a jamais cessé d'être le frère d'armes de la France et le champion de la liberté nationale européenne. A peine sorti de sa prison séculaire, en la septième année d'une guerre sanglante, ce peuple, rien que par la force morale de sa solidarité avec la France, a su conjurer un danger mortel suspendu sur la tête de l'Europe. Ce peuple, aujourd'hui reconstitué dans sa forme traditionnelle — la République polonaise — double presque la force de la France par l'apport de sa propre force. Nous avons vu déjà, que par sa situation à l'est, la République polonaise était l'ouvrage indispensable de la défense européenne, comme la République française l'est à l'ouest.

Quant à cette autre garantie, celle que nous avons tout à l'heure indiquée comme étant présentée par la France, la communauté européenne peut être tranquille : la France a confiance en la Pologne. Cela suffit.

VI. — L'EXPANSION MORALE ET POLITIQUE

DE L'EUROPE

Les cartes géographiques, jusqu'au xviiie siècle représentaient toute la plaine dite russe au-delà du Boristène, c'est-à-dire du Dnieper, comme faisant partie de l'Asie. A cette époque « l'Asie » gardait dans toutes les langues européennes un sens péjoratif comme la « chinoiserie » et dans une certaine mesure « le Turc ». De nos jours, les écrivains allemands qualifient volontiers de *Halb-Asien* (Demi-Asie) tout ce qui est à l'est de la frontière germanique, sans songer d'ailleurs que leur Vaterland devient de plus en plus une *Halb-Europa* (Demi-Europe) sous le régime prussien.

L'Histoire de la Russie, prise dans son essor principal, n'a été pendant longtemps que la marche vers cette Europe qui, alors, résumait l'humanité. Pierre-le-Grand était très fier d'avoir « ouvert une fenêtre sur l'Europe ». Ces tendances et ces ambitions ont changé radicalement depuis que l'Amérique, l'Australie et en partie l'Afrique ont fondé de puissantes organisations civilisées. Sans approcher l'Europe par une fenêtre ou par une passerelle, les Etats-Unis ont simplement adopté ses méthodes pour les développer ensuite. La colonie australienne, la plus reculée de toutes, est aujourd'hui un pays de tous points « européen », c'est-à-dire fort de tous les bienfaits de la culture et de la civilisation. Mieux encore : une nation purement asiatique — le Japon — est arrivée à un degré d'étatisme et d'intensité de culture qui fait rêver les Prussiens, ces gobeurs du « kolossal ». A l'autre bout de l'Asie, le Japon est certainement plus proche de la communauté européenne que ne l'est la Prusse. Lors de la conférence, il a fait partie de ce pentarchiat (*Big five*), qui a réglé les affaires européennes. C'est au cours de la grande guerre qu'on a commencé à employer le terme de « Civilisés » là où, jadis, on aurait dit les « Européens ». Car, tandis que l'Allemagne, guidée par la Prusse, travaillait pour le rétrécissement, voire même pour l'extermination (ausrotten), d'autres nations avaient eu le soin d'adopter ses principes, de les élargir, de les fortifier et de revenir à temps pour secourir la vieille terre éprouvée, au moment où le flot de la barbarie teutonne menaçait de la submerger.

La colonisation européenne, commencée par les Latins, a été continuée par les Anglo-Saxons, rendant à l'Europe un double service. Elle a d'abord fortifié le principe de l'inviolabilité des patries européennes et elle l'a ensuite élargi et sauvé. Pendant ce temps, la colonisation allemande (en Europe) perpétrait la trahison et la ruine de toutes les patries.

Mais l'élargissement de l'Europe, c'est-à-dire du principe de la souveraineté nationale, de la solidarité des nations pour le défendre et de la reconnaissance de la paix, comme d'un état sinon naturel, du moins le plus propice à la communauté des patries, a eu encore une autre conséquence, d'une portée incalculable. Si, parmi les peuples non-européens le Japon est arrivé à se faire redouter et respecter, il reste encore en Asie d'autres agglomérations immenses dont l'évolution nationale et étatique amènera fatalement un jour les puissances de l'Empire britannique, par exemple, à se déplacer de façon très nette suivant qu'elle accepte ou qu'elle n'accepte pas les solutions pourtant inévitables. Ainsi, au lendemain de la guerre, l'Angleterre a repris brusquement cette tradition de protectrice de la Prusse dont certains de ses hommes politiques et de ses écrivains l'accusent. Il ne faut pas chercher les causes de ce revirement en Europe — elles agissent puissamment en Asie...

Mais l'élargissement de l'Europe aura des répercussions très considérables non seulement dans les domaines coloniaux proprement dits, elle détermine déjà l'évolution de la politique des Etats-Unis, du Japon et encore plus celle de la Russie.

Non seulement la Russie perdra peu à peu sa fausse ambition d'être avant tout européenne, mais elle comprendra que son avenir et le bonheur de l'Europe réside surtout dans ses immensités asiatiques, dont la richesse égale l'étendue et dont le *vide* l'attire impérieusement. Les Russes ont un dicton sur la Sibérie : « Sibir — fond d'or ». Fond d'or, en effet, et « potentiel » de prospérité incalculable. Ces immenses contrées ont encore cet avantage, si on les compare avec les Indes, par exemple, c'est qu'elles ne sont presque pas peuplées et que l'expansion russe en s'y portant de la façon la plus naturelle, ne se heurte à aucun sentiment national, ne rencontre pour son organisation aucun obstacle ni de race ni d'état.

Dès lors, on voit assez clairement quelle influence néfaste sur l'avenir russe exerçait et exerce encore la politique prussienne. Cette politique fixait en quelque sorte l'élan asiatique russe, par la complicité dans cette *dénationalisation* obstinée que la Prusse pratique pour son propre compte vis-à-vis des nations limitrophes. Mais pendant que la Prusse, écrasant les Esthoniens, les Lituaniens, les Lettons, les Polonais, s'élargissait aux dépens de la Russie — la Russie, prise au piège, voyait se rétrécir de plus en plus le champ de son domaine asiatique ! La Russie a payé très cher sa « fenêtre sur l'Europe » et elle continue à la payer — toujours pour le roi de Prusse.

Ce qui pourra libérer la Russie à jamais de tout souci sur son front européen, c'est le rétablissement d'une Pologne assez forte pour contenir la poussée allemande. La Russie pourra alors envisager un avenir radieux, à l'égal d'un riche héritier libéré enfin des serres d'un usurier qui le ruine. Et la Pologne ne demande comme paiement que des rapports de bon voisinage.

Si nous avons abordé ici ce sujet qui paraîtra sans doute paradoxal aux « classiques » de la diplomatie, ce n'est point pour l'épuiser d'une façon concluante. Nous voulions simplement indiquer que la vieille Europe a encore plus d'une ressource pour se défendre. Que le jeu des intérêts nationaux sur le champ élargi de ses affinités, de ses influences n'est point si pauvre que l'on prétend parfois. Que les alliances et les combinaisons auxiliaires, toujours basées sur le respect de la communauté européenne, du fait de son élargissement pourront recevoir des appuis puissants du dehors (elles les reçoivent déjà de l'Amérique). Que donc l'isolement, jadis tragique, de la France et de la Pologne ne nous paraît pas aussi redoutable, à condition que ces deux pays comprennent bien la force qu'ils représentent ensemble et qu'ils n'aient pas peur de l'avenir.

Par contre, la situation de l'Allemagne prussianisée apparaîtra de plus en plus équivoque. Combien de fois les hommes d'Etat prussiens ont-ils répété que la Prusse ne peut pas exister à côté d'une Pologne libre et forte. Et pourquoi ? Uniquement parce que la *vie* de la Prusse est basée sur la *mort* de ses voisins, petits d'abord, grands ensuite. Frédéric-le-Grand, Bismarck, le prince de Bulow et tant d'autres l'ont avoué, aussi cyniquement que possible. N'est-ce pas Bismarck qui écrivait à sa sœur (tendre Gretchen), le 26 mars 1861 : « Battez les Polonais, qu'on les réduise à être dégoûtés de la vie ; j'ai de la compassion pour eux, pour leurs situation, *mais si nous devons exister nous-mêmes, il faut les exterminer.* »

Tout le monde sait que la pensée exprimée ici par Bismarck reste toujours le principe fondamental de la politique de la Prusse. Et celle-ci était, en 1920, prête à conclure une redoutable alliance avec l'armée rouge pour se faire payer en Pologne — une fois de plus — des services imaginaires rendus à la Russie, sa dupe éternelle.

Mais les temps ont changé. Le voyage du général Weygand en Pologne, en dehors de son importance militaire, a une autre portée symbolique. Il a prouvé, par un acte, l'attention que porte l'Europe à son front oriental. La guerre nous a servi à quelque chose ; nous avons appris *qu'il n'y a qu'un front*, quand il s'agit de défendre l'intérêt européen. Aujourd'hui, tout le monde sait que la prétendue incompatibilité de la Prusse et de la Pologne n'est qu'une fiction, sous laquelle la première dissimule sa politique de conquête. Car la fameuse « théorie des compensations », proclamée par la Prusse, au xviiie siècle, à Bâle, ne signifie pas autre chose : elle entend faire alterner ses conquêtes à l'est avec ses concessions à l'ouest, c'est-à-dire se dédommager d'un côté de ce qu'elle n'a pas pu obtenir de l'autre. C'est ainsi que l'armée prussienne, battue en France, se porte en Pologne, lors des partages de celle-ci. Et c'est après s'être fortifiée à l'est qu'elle assène le coup de 1870 à la France.

La théorie de l'incompatibilité de l'existence de la Prusse avec une Pologne indépendante est non seulement un verdict de mort pour les petits pays environnants . Esthonie, Lettonie, Lithuanie, Tchéco-Slovaquie, mais elle signifie en plus l'éternel recommencement de la Weltpolitik. Heureusement la France, par son geste de 1920, a prouvé qu'elle n'entendait plus se désintéresser de l'autre partie de ses défenses, les défenses de l'occident à l'est.

Encore une fois l'Europe s'est élargie. Elle s'est élargie, nous l'avons vu tout à l'heure, en dehors, par des solidarités nouvelles affirmées déjà ou qui se dessinent à travers le monde. Elle s'est élargie aussi en dedans par la résurrection de plusieurs unités nationales dont l'intérêt est désormais lié à celui de la France, au système de la défense commune contre toute tentative de domination. Car le système des alliances de la France est en réalité identique avec celui de cette défense. L'Autriche n'existe plus pour obscurcir la vue des politiciens d'occident. Après de terribles expériences depuis la fin du xviii° jusqu'au commencement du xx° siècle, il n'est plus permis d'hésiter. Aucun « secret du roi » ne cache plus la réalité. Les intérêts des nations limitrophes de l'Allemagne ne peuvent plus être sacrifiés par l'Occident, sous aucun prétexte, à quelque « commodité » diplomatique que ce soit. Il était peut-être pardonnable jadis d'hésiter entre l'Autriche « puissante » et la Pologne « divisée ». Mais aujourd'hui, après les terribles expériences que nous fournit l'histoire, à partir de la fin du xviii° siècle et jusqu'au début du xx°, un remaniement complet des alliances s'impose à l'Est. Il serait vraiment monstrueux de sacrifier cet intérêt à la politique aventureuse de quelques politiciens Tchéco-Slovaques ou à l'équivoque d'une Lithuanie d'avance condamnée à devenir la complice de la Prusse. On peut sans doute envisager une politique plus ou moins russophile ou plus ou moins germanophile dans ses lignes générales, selon les conjectures économiques ou extra-européennes. Mais ni l'une ni l'autre ne peuvent plus comporter l'abandon de la Pologne et des pays limitrophes au bon plaisir de la Prusse et de la Russie, attitude qui marquerait la capitulation sans conditions de l'Europe devant ses futurs conquérants. La Grande-Bretagne elle-même sera obligée d'accepter cet élargissement de l'Europe. Et s'il existe des axiomes dans le domaine politique, celui de l'*inviolabilité de l'Europe, élargie à l'est, en liaison avec l'occident,* en est certainement un des plus fondamentaux.

VII. — LA COLLABORATION POLONAISE

La date du 10 novembre 1918 marque la clôture de la période de pénible équivoque créé en Pologne par l'acte fameux des Empires centraux, du 5 novembre 1916, par lequel ils emprisonnaient ce pays dans le système politique allemand.

A cette date, Pilsudski, sorti enfin des casemates

de Magdebourg, rentre à Varsovie, après plus d'un an de captivité. Il est demeuré depuis, sans interruption, le chef de l'Etat et le commandant suprême de l'armée polonaise et pendant plus de deux ans de luttes décisives sur le front oriental, poursuivant en même temps la tâche de la consolidation de l'Etat, il incarne le principe même de la nouvelle Pologne, de même qu'il en était le champion infatigable avant et pendant la grande guerre.

Quel est le fait principal du changement survenu à cette époque en Pologne ? D'un *réservoir de forces* qu'est une *nation,* la Pologne est devenue la *force active que constitue un état.* C'est autour de ce fait, dont la portée politique est considérable, quoique mieux que personne la Pologne comprenne la puissance des forces morales impondérables qui constituent une nation, qu'il faut grouper tout ce qui caractérise le présent et l'avenir polonais par rapport aux intérêts européens.

En emprisonnant Pilsudski, l'Allemagne comprenait bien qu'elle enchaînait ainsi la volonté organisée de cette force active. Elle se trompait cependant dans ses calculs, car bien que Pilsudski fût en prison, son œuvre vivait en Pologne. La date de 1919 était déjà fixée par lui pour le soulèvement général de la Pologne contre l'Allemagne et une puissante organisation militaire créée par lui s'y appliquait méthodiquement.

En relâchant Pilsudski l'Allemagne s'est trompée une deuxième fois. Il serait naïf de supposer que les Prussiens le libéraient sans calcul. Ils escomptaient le caractère révolutionnaire du grand chef polonais. La Pologne, comme le Reich, entrait alors en fermentation. Les Allemands espéraient que Pilsudski serait entraîné par ce mouvement et qu'alors la Pologne deviendrait impuissante pour longtemps.

Cependant, Pilsudski, rentré de Magdebourg, avec son compagnon de captivité, le général Sosnkowski, le ministre de la Guerre actuel, ne songeait qu'à la consolidation étatique du pays. Il avait saisi, sans hésiter un seul instant, l'essence même de la portée interna-

tionale de la Pologne. L'*Etat polonais*, c'est-à-dire une
force active organisée, et non pas la *nation polonaise*,
était indispensable aux Alliés. La Pologne-nation pouvait se laisser entraîner sur le terrain dangereux de
l'expérience sociale. La Pologne-état ne pouvait, ne
devait qu'accomplir son seul rôle politique du
moment : celui d'être la barrière entre l'invasion,
entre la guerre renouvelée d'un côté et l'Occident, et la
paix péniblement acquise de l'autre.

C'est avec la conscience totale, lumineuse de ce
rôle de l'Etat polonais que Pilsudski a pris le pouvoir.
C'est par là aussi que la Pologne a prouvé sa maturité
politique et s'est rangée d'un seul coup, après cent cin-
nes. La nation a d'ailleurs admirablement compris son
chef et reste derrière lui dans toutes les crises inévitables de l'époque trouble qu'elle traverse. Et, en face
de ce fait décisif, combien mesquines et de peu d'importance nous semblent toutes les accusations, le plus
souvent mal intentionnées, qui représentaient le jeune
état polonais comme « inexpérimenté », faible ou
instable. Dans ces temps si éprouvés, tous les états,
même les plus organisés, les mieux agencés, traversent
des crises profondes et la Pologne n'échappe pas au
sort commun. Mais si l'Etat polonais doit son existence
à la guerre victorieuse de l'Occident, celui-ci ne doit-il
pas déjà deux ans de paix réparatrice au rôle que la
Pologne accomplit, depuis qu'elle est redevenue état ?

Pilsudski, arrivant au pouvoir après toute une vie
de lutte sociale révolutionnaire, a passé par une évolution semblable à celle à laquelle la France doit
aujourd'hui son président énergique et expérimenté,
M. Millerand. Et, tous les deux, s'ils exaspèrent quelques réactionnaires ou quelques démagogues, présen-
tent à la masse du peuple de leurs pays la garantie du
respect, de la loyauté vis-à-vis du *principe démocratique*. Et nous avons vu quel rôle cette garantie joue
dans la stabilité de l'équilibre politique moderne.

L'Etat polonais, guidé par la main ferme de son
chef, s'est donc avant tout attelé aux deux tâches qui
s'imposaient. D'un côté il fallait créer l'organe de la
défense extérieure et intérieure — l'*armée*, de l'autre,

derrière cette armée improvisée (pour le bien de tous les peuples, même « neutres »), il fallait consolider l'Etat lui-même par le travail législatif, administratif, économique. Un mouvement social déjà déclenché avant la formation de l'Etat, un triple régime étranger à transformer en unité administrative, la ruine de la guerre en plus de la ruine de la domination étrangère à réparer — telles étaient, telles sont encore les tâches de l'Etat polonais. Qu'en face d'une telle œuvre, après deux ans de guerre locale et inévitable, l'on puisse accuser cet Etat d'autre chose que d'être dans la position la plus difficile au monde, cela paraît, comme dit le poète :

« *Ou d'un esprit sot ou d'une âme trop basse.* »

Pourtant cette accusation est parfois formulée et non seulement par les Keynes ou les Sahm. La Pologne en fera son profit, sans relâcher pour cela ni son endurance ni sa bonne volonté. Son labeur courageux, obstiné, intensif, a déjà produit deux résultats : une armée nationale et un régime moderne démocratique dans l'ancienne République nobiliaire. Sans doute, l'armée est encore dépourvue du cadre technique qui ne peut venir qu'avec l'organisation matérielle et l'instruction. Mais elle a l'esprit et la force morale, elle a surtout l'expérience de sa propre force. Elle connaît ses limites et la portée de son propre effort, notion qui donne à une armée la cohésion et l'élan nécessaires. A ce sujet d'ailleurs nous n'avons qu'à évoquer le témoignage du grand soldat, collaborateur du maréchal Foch qu'est le général Weygand. Ce ne sont point des compliments qu'il fait quand il parle des mérites de l'armée polonaise et de son commandement. Non, en soldat français, il ne dit que ce qu'il croit être la réalité des choses qui seules peuvent servir son pays. Or, effaçant ses propres mérites devant ceux de cette force qui s'est affirmée devant Varsovie, il dit, en toute probité et en toute compétence que l'armée polonaise a été elle-même l'artisan de sa victoire. Et c'est à nous de souligner, que l'appui moral du général français et de la poignée d'officiers français qui restaient avec nous à l'heure de l'épreuve tragique, leur admirable héroïsme, leurs conseils opportuns ont collaboré puissamment à cette victoire. Et la Pologne en garde le souvenir dans sa mémoire fidèle.

L'Etat polonais a accompli sa deuxième réalisation très importante, élargissant sa base traditionnelle en se tournant vers les sphères *paysannes*, support robuste et enraciné de son organisation sociale et politique.

Cette expérience était hardie. Son résultat est concluant : la classe la plus nombreuse en Pologne est en train d'élaborer sa représentation politique, elle se sent aujourd'hui solidaire et responsable de l'avenir du pays. En Galicie et en Posnanie, elle était déjà assez préparée à ce rôle, elle l'était moins dans le royaume du Congrès par suite du régime russe. Mais dans la Pologne libre, son évolution s'achèvera rapidement. Elle nous donne déjà un nombre considérable d'employés d'Etat, de chefs techniques, d'hommes politiques actifs (y compris le président du Conseil, M. Witos), de prêtres, d'instituteurs et même de professeurs de l'Université. Aucune consolidation du régime social ou de l'état ne serait aujourd'hui possible sans elle. Elle ouvre et affermit ainsi l'ascension des autres éléments populaires, tels que l'ouvrier industriel et agricole, vers le pouvoir démocratique. Elle stabilise par sa masse imposante le caractère de cette évolution. La « république paysanne de Posnanie » est en train, n'en déplaise aux Prussiens, de devenir la République Polonaise tout court.

VIII

C'est seulement après avoir constaté l'œuvre considérable de sécurité sociale et politique accomplie par l'Etat polonais qu'il convient d'indiquer ici la force purement matérielle de la Pologne, mise ainsi au service de sa force morale et de l'intérêt commun de l'Europe.

D'après des estimations sommaires, la Pologne, entre ses frontières telles que les ont fixées la Paix de Versailles et celle de Riga, comprend environ 28 mil-

lions d'habitants sur un territoire de 388.ooo kilomètres carrés de superficie. Le plébiscite silésien peut
arrondir ces chiffres au delà de 5o millions d'habitants et de 4oo.ooo kilomètres carrés. C'est donc une
puissance qui prend place en Europe à côté de l'Es-
pagne et tout près de l'Italie.

Il est superflu d'insister dans un exposé général
sur les richesses naturelles de la Pologne. Il est reconnu
en général qu'elle est très riche au point de vue des
matières premières (charbon, pétrole, sel, fer, bois,
etc.). Elle est productrice de blé et de bétail sur une
échelle considérable. Son °organisation industrielle
n'est pas négligée. Avant la guerre, elle possédait des
centres textiles tels que Lodz, Zyrardow, Pabjanice,
Zgierz et dans cette industrie, elle occupait la première
place sur le continent. Les établissements miniers et
métallurgiques de Dombrowa, de Huta-Bankowa, de
Czenstochowa, étaient d'une importance économique
considérable, connus et cotés à l'étranger. D'autres in-
dustries se développaient à côté de celles-ci. Son industrie sucrière était importante.

Mais toutes ces richesse impliquent une évolution
économique bien supérieure au niveau déjà atteint, du
fait nouveau de l'indépendance de la Pologne. Ce qui
leur manque pour atteindre un épanouissement définitif, c'est l'assainissement des conditions économiques
européennes, faussées par le monopole impérialiste,
soutenu militairement, de l'Allemagne. La Pologne a
besoin, pour son évolution économique et celle des
pays limitrophes (Ukraine, Roumanie, Hongrie) de
cette force motrice qui lui revient de droit en Haute-
Silésie. Nous avons déjà indiqué quelle importance
présente la possession de cette contrée par la Pologne,
par rapport au désarmement de l'Allemagne. Ici, au
point de vue purement économique, nous insisterons
seulement sur deux considérations. La Haute-Silésie est
nécessaire pour que la Pologne puisse faire valoir toutes ses richesses naturelles et par conséquent, faciliter
par là l'échange économique avec ses voisins, les faisant participer par des conventions douanières à ses
propres avantages. D'autre part, seule l'attribution de

la Haute-Silésie fixera en Pologne les *six cent mille* travailleurs polonais qui, aujourd'hui, sont obligés de travailler à l'étranger, principalement en Allemagne, où ils créent forcément une diminution du prix du travail de l'ouvrier local et où ils contribuent ainsi à l'établissement de l'hégémonie économique allemande contre l'intérêt des autres pays.

Les craintes, que la Pologne ne sache pas organiser ou faire valoir ses propres forces économiques sont enfantines. Elle a bien réussi déjà à organiser Lodz et Huta-Bankowa en combattant l'emprise allemande sur le marché russe ! Voici d'ailleurs la seule statistique que nous nous permettrons de citer. C'est le tableau de l'œuvre de reconstruction économique accomplie par la Pologne, *après la guerre*, en comparaison avec celle de la France. Ce tableau nous permet au moins de juger favorablement la puissance de travail que possède la Pologne malgré ses ruines.

Tout récemment M. Millerand citait quelques chiffres à propos de la reprise de la vie économique en France. Nous en profitons pour montrer que l'effort analogue de la Pologne est digne de toute confiance et étant données ces circonstances, ne fait qu'accentuer la tradition occidentale.

La Pologne apporte dans sa collaboration avec la communauté européenne une force matérielle et morale considérable. La mise en valeur de toute cette force dépasse, bien entendu, ses propres moyens, ne serait-ce que par le côté financier et technique. Pour les faire valoir, une collaboration s'impose. Mais il nous semble que la dot de la Pologne n'est à aucun point négligeable et qu'elle réclame de la part des Etats solidaires quelques efforts, voire même quelques risques.

CONCLUSIONS

Seule une décision nette et prompte est aujourd'hui à la hauteur de la situation. Elle ne doit pas nécessairement aboutir à des mesures militaires, bien au contraire : une décision énergique, prise *aujourd'hui*, peut prévenir la guerre de demain. Mais il faut qu'elle soit prise fermement, sans hésitations, sans perte de temps. Les ballons d'essai ne réussissent pas dans l'atmosphère actuelle du monde. Seuls les actes définitifs comptent.

Les critiques les mieux intentionnés redoutent parfois l'*isolement*, ou la position *exposée*, de la Pologne. Et ils évoquent les péripéties de la guerre de 1920 pour le prouver. Il convient encore d'éclairer ces deux points, pour que le sujet que nous traitons ici puisse être utilement considéré du point de vue de l'intérêt européen le plus général. La Pologne n'est pas plus exposée que le reste des pays qui forment la chaîne de sûreté européenne entre la Baltique et les Balkans. Ce n'est pas en Pologne qu'il faut craindre la rupture si on se rapporte au proverbe anglais : « Aucune chaîne n'est plus résistante que son chaînon le moins fort »... Quant aux prétendues « défaites » polonaises de 1920, nous affirmons que la Pologne fut battue non pas sur la Bérésina ou à Kieff, mais bien à Dantzig, en Prusse Orientale et à Teschen. Ce n'était pas l'armée polonaise qui assurait la défense de ces importants points stratégiques... Et si la question vitale des transports, des libres communications de la Pologne à la zone avec ses alliés a failli compromettre sa sécurité et la leur, c'est pourtant encore la mobilité merveilleuse de son armée (« les qualités de marche » du soldat polonais, comme dit le général Weygand) qui ont sauvé une situation compromise par ailleurs. Dès lors, il dépend absolument des Alliés, de la France avant tout, de veiller à ce que rien ne fausse à l'avenir la *sécurité de nos communications extérieures*. Et les « qualités de marche » de l'armée polonaise ne serviront que mieux l'œuvre de défense commune. Quant à l'isolement prétendu de la Pologne, il n'est point si décisif que l'on essaie de le prouver. Depuis que la Turquie s'est retirée définitivement du continent européen (et sa présence en Asie est salutaire), l'Europe Centrale et Orientale n'a plus besoin d'un front balkanique. C'est ce besoin qui a jadis donné à l'Autriche sa raison d'être. Il n'existe plus et, comme de raison, l'Empire des Habsbourg non plus. C'est donc le front nord-est qui devient le seul important pour la sécurité européenne. *L'Europe doit se manifester politiquement comme maximum de cohésion là où son front est le plus menacé.* Et nous assistons à ce phénomène remarquable que l'unification de la politique extérieure se poursuit activement là où le danger est le plus grand. Ainsi l'ancien pivot de l'Empire des Habsbourg, la Hongrie, n'ayant rien à redouter de la Turquie, ne peut ne pas évoluer vers l'entente avec ceux qui ont un intérêt commun avec elle en face de l'énigme des immensités russes. Cette évolution déterminera un jour aussi la Roumanie à des considérations sages et salutaires. Déjà la Roumanie et la Hongrie ont, il est vrai, timidement, appuyé la Pologne pendant sa lutte contre l'invasion de 1920.

D'autre part, les Etats baltiques ne peuvent qu'escompter l'appui de la Pologne qui est ainsi le pivot d'un double mouvement de défense. Il dépend de la politique française que ce double mouvement devienne un mouvement unique : celui de la solidarité défensive de tous ces pays appuyés contre la Pologne et soutenus par la puissance morale et matérielle de la France. Cette liaison ne menace aucun intérêt réel. Elle existe à l'état latent ; elle n'a besoin que d'être agencée par une main sûre et expérimentée pour donner tout son rendement aux heures du danger — si toutefois son pivot — la Pologne — est solidement planté dans son mécanisme.

Lors du danger qui menaçait Varsovie (et quelque chose de plus) M. Lloyd George, interrogé par un journaliste anglais sur la question de savoir si l'Angleterre enverrait des troupes en Pologne, a cru pouvoir répondre par cette plaisanterie :

— Certes, nous allons y envoyer les bataillons de lord Nordcliff. — Les bataillons de lord Nordcliff, ce sont, on le sait, ces journalistes anglais, dont la campagne, d'ailleurs admirable, en faveur de la Pologne (et des Alliés) a quelque peu exaspéré Lloyd George. La France n'a pas suivi le conseil de Mr. Lloyd George : elle a envoyé ses officiers d'élite. Un jour viendra où, aussi bien l'appui des bataillons de lord Nordcliff (que Mr. Lloyd George a tort de bagateliser) que celui de la force française plus substantielle, ne manquera pas à la Pologne. Ce jour-là peut ne pas venir du tout si, dès à présent, l'opinion politique de l'Occident appuie la collaboration plus étroite et surtout plus logique de tous les intéressés. Il faut pourtant que la théorie prussienne dite « de compensations » (prendre à l'est ce qu'on ne peut pas prendre à l'ouest) trouve enfin son contrepoids dans *la théorie du front unique léguée par la grande guerre.*

Encore une fois, c'est la France qui résume les intérêts de l'Europe, c'est la Pologne qui les reflète de la façon la moins égoïste, la plus décisive. Elles l'ont prouvé par leur attitude séculaire. Elles le prouvent aujourd'hui encore par l'attitude de leurs gouvernements, de leurs opinions. Du côté de la Russie elles se contentent de se tenir sur la tricte défensive. C'est la Pologne qui persiste à vouloir la paix malgré tant d'épreuves ; c'est la France qui, étant seule capable de soutenir une guerre, ne la provoque pas.

Du côté de la Russie, ou bien tout reste à craindre de l'offensive asiatique et alors nous nous retrouverons tous dans la même situation, ou bien le danger est conjuré, et alors c'est grâce à la Pologne et à la France que la Paix commence à poindre à l'horizon.

Reste l'Allemagne. Nous l'avons dit, mais nous devons y revenir encore. L'œuvre du désarmement n'est pas terminée. Il faut qu'elle soit accomplie. Nous avons indiqué quelques-unes de ses modalités importantes. Mais la Pologne, moins sanguinaire que la Prusse, ne demande point sa mort pour prix de son existence. Tout au plus réclame-t-elle de sa voisine farouche, une toilette un peu plus soignée : à savoir les ongles taillés plus soigneusement pour les circonstances.

Et, décidément, si la Société des Nations était réellement de bonne société, elle aurait déjà depuis longtemps compris que la France et la Pologne peuvent assister efficacement la Prusse dans sa transformation pacifique.

*
* *

« La Prusse a commencé son existence par la Pologne et c'est par la Pologne qu... 'le périra... La Pologne indépendante est une nécessité pour une Europe démocratique... Une seule discussion serait possible, à savoir si l'idée d'une Europe démocratique est réalisable. » C'est en pleine guerre, le 18 février 1918, que ces paroles ont été prononcées à un meeting monstre réuni à Londres par le vénérable doyen du socialisme anglais, M. H. M. Hyndman.

Mais déjà un autre leader du socialisme militant, un Français, le député de la ville de Paris, M. Bracke, plus affirmatif que son collègue anglais, a répondu à l'avance à cette dernière question.

Dans son discours à la Sorbonne, prononcé le 5 juillet 1917, il affirma non seulement la possibilité, mais la nécessité de cette Europe démocratique, posant comme principe de la future paix durable la garantie mutuelle de toutes les nations souveraines et indépendantes de l'Europe, rétablies dans leurs droits par la grande guerre.

Ainsi les éléments les plus avancés de l'état moderne, avec une clairvoyance qui leur fait honneur, se sont prononcés dans le débat historique commencé au xviie et clos au xxe siècle. Le passé et l'avenir sont d'accord sur cette chose essentielle, que l'Europe ne peut être qu'une communauté libre de nations souveraines : la « cause des peuples », entrevue par Napoléon, devenue, par le geste de la France républicaine, une cause gagnée. Aux hommes d'état d'autrefois répondent les leaders politiques du présent, par l'effacement de la faute d'abord, par l'affirmation du principe ensuite.

A la question prussienne : « Qu'est-ce que l'Europe », la réponse est donnée. L'acceptera-t-elle ou

(1) La Pologne indépendante en tant qu'une nécessité pour l'Europe démocratique. Discours de M. H. M. Hyndman, Paris 1918 ; *La Journée polonaise à la Sorbonne*, les discours de MM. Stéphen Pichon, Georges Leygues, Bracke, Denys Cochin, Paris, 1917.

non ? Désormais, c'est son verdict de mort ou de vie
qui dépendra de sa loyale acceptation ou de ses ambitions récalcitrantes. Mais quant à l'Europe, une fois
rétablie dans sa souveraineté, il ne peut plus être question ni qui elle est, ni qui elle sera, si de ses propres
mains elle ne ruine l'œuvre qu'elle a construit sur
l'hégémonie allemande écroulée.

Mais tout être collectif ne peut agir que par ses
mandataires, investis du pouvoir et ayant force effec-
tive pour faire respecter les droits de la communauté.

Pour la communauté européenne, — c'est-à-dire
pour tous ces états qui ne basent pas leur prospérité sur
la misère des autres, qui ont abandonné les visées domi-
natrices, pour lesquels l'Europe n'est ni un champ de
colonisation, ni un champ d'expérience, pour lesquels
enfin, l'état de choses établi par la Grande Guerre est
bien la garantie de leur existence, — ces mandataires
sont indiqués d'avance.

La France a cet honneur coûteux, mais salutaire,
d'avoir la confiance des nations européennes — nous
avons vu pour quelles raisons historiques décisives —
et la France, parmi ses collaborateurs, a plus d'une fois
marqué spécialement la Pologne, cette autre marche du
double front européen.

Les démocraties européennes n'ont pas de meil-
leurs champions, ni dans le passé, ni dans l'avenir.

Elles n'ont pas non plus de forces effectives dont
l'action unifiée aurait été plus décisive sur le continent
européen. Soixante-dix millions de Français et de Polonais, organisés sur des larges assises démocratiques,
puisant leurs forces dans le peuple et ses intérêts, ayant
traversé des expériences concluantes, sociales, comme
politiques, à travers les deux siècles passés, représentent bien tout ce que l'Europe militante peut offrir de
solide, d'éprouvé, de loyal, de fort, de décidé, pour que
l'Europe soit triomphante.

Dès lors, il n'y a qu'un facteur qui est nécessaire
pour la consolidation de l'œuvre accomplie.

Ce facteur, c'est la décision, la ferme volonté de
ces deux pays de remplir leur rôle jusqu'au bout et
sans aucune faiblesse.

« Tout est possible pour qui embrasse et de bonne foi, la cause des peuples. » — Tout, — c'est-à-dire le maintien de son propre bonheur et de celui des autres.

Tout est possible pour celui qui n'a aucune arrière-pensée, cette fissure par laquelle s'écoule la force... La France aux génies inoubliables, quand elle était la seule nation européenne devant les régimes impérialistes, soutenant le droit de son peuple, de tous les peuples, la France de l'époque de la grande révolution a déjà trouvé la formule du salut commun.

Elle est gravée aujourd'hui aux pieds de la statue de l'homme qui l'a formulée et appliquée le premier : « De l'audace, de l'audace, et encore de l'audace ! »

L'audace, même appuyée sur la force, mais combattant la loi, ne suffit pas : l'Allemagne est là pour témoigner de cette vérité. L'audace au service de la loi, mais sans la force nécessaire, ne suffit pas non plus. La Pologne en est l'exemple au xviiie siècle. Mais l'audace appuyée sur la force et la loi en même temps — peut tout. C'est la France qui incarne cette vérité. Elle doit l'appliquer aujourd'hui plus que jamais.

C'est à ce prix seulement que l'Europe aura son repos bien gagné — la paix. Si la France et la Pologne manquent à leur devoir, qui est celui de désarmer la guerre pendant qu'il est temps encore, ou si les autres états européens les empêchent de remplir ce devoir, l'Europe, au lieu de la paix tout court, aura la *paix-armée*. Le passé nous a appris tout ce que cette formule sinistre signifiait.

Et par un long et douloureux détour, l'Europe sera quand même obligée de revenir à la solution unique qui s'imposera demain, comme elle s'impose aujourd'hui : au désarmement de la guerre pour pouvoir profiter de la paix.

Paris, Janvier 1921.

SOMMAIRE

Impr. G. Leroux et A. Colson, 47, rue de la Gaîté, Paris

www.ingramcontent.com/pod-product-compliance
Ingram Content Group UK Ltd.
Pitfield, Milton Keynes, MK11 3LW, UK
UKHW022210070726
13613UKWH00004B/1574